PORTER'IN BEŞ GÜCÜ

Rekabet güçlerini anlayın ve rekabette bir adım önde olun

50MINUTES.com

PORTER'IN BEŞ GÜCÜ

Rekabet güçlerini anlayın ve rekabette bir adım önde olun

tarafından yazılmıştır Stéphanie Michaux
tarafından çevrildi Baris Şahin

PORTER'IN BEŞ GÜCÜ

ANAHTAR BİLGİLER

* **İsimler:** Porter'ın beş gücü

* **Kullanım alanları:** bir sektörün rekabet ortamının analizi

* **Neden başarılı?** Bu model şunları yapmanızı sağlar:

  o sektörü ve şirketin faaliyet gösterdiği pazardaki çeşitli katılımcılar arasındaki ilişkilerin doğasını anlamak;

  o Sektörün performansını ve etkileyen faktörleri belirlemek;

  o Bir sektördeki değişikliklerin sektörün karlılığını nasıl etkileyebileceğini değerlendirebilecektir.

* **Anahtar kelimeler:**

  o <u>Rekabet</u>: Bir pazarın önemli bir yönü olup, orada konumlanmış olan şirketlerin en büyük pazar payına sahip olmak için birbirleriyle mücadele etmeleriyle karakterize edilir.

  o <u>Rekabet avantajı</u>: Şirket tarafından yaratılan ve müşteriler tarafından algılanan, onu diğer sektör oyuncularından farklılaştıran ve daha iyi karlılık getiren değer, pazarlık için bir farklılaştırma gücü.

- Sektörel yoğunlaşma: belirli sektörlerdeki belirli katılımcıların gücü. Eğer sadece birkaç şirket pazarı paylaşıyorsa, sektörün yoğunlaştığı söylenir.

- Kârlılık: ilk yatırım ile finansal sonuçlar arasındaki oran.

- Strateji: uzun vadede başlangıçta belirlenen hedeflere ulaşmak ve rekabetçi bir ortamda benzersiz ve arzu edilen bir konum yaratmaya yaklaşmak için alınacak bir dizi eylemin ve kullanılacak kaynakların belirlenmesi.

- Transfer maliyetleri: 'geçiş maliyetleri' olarak da adlandırılan bu maliyetler, bir sistemden/süreçten/teknolojiden vb. diğerine geçiş sırasında zorunlu olarak yatırılacak kaynaklardır.

GİRİŞ

Tüm şirketler rekabetçi bir ortamda geliştiğinden, farklılaşma çok önemli ve bazen de hayati hale gelmiştir. Bir stratejik iş birimi (SBU) için halihazırda elde edilmiş olan pazar payını kaybetmemek için sürekli dikkatli olmanın yanı sıra, şirket kendi rekabet avantajını korumak ve yaratmak için farklılıklarını sürekli olarak yeniden teyit etmelidir.

1979 yılında Harvard'da bir iş stratejisi profesörü olan Michael E. Porter (1947 doğumlu) tarafından geliştirilen beş güç modeli, işletme yöneticilerinin bir sektördeki eğilimleri ve rekabetteki değişiklikleri tahmin etmelerine ve böylece rekabet avantajı elde etmelerini veya sürdürmelerini sağlayacak stratejik seçimler yaparak sektörü etkilemelerine olanak tanır.

Modelin tanımı

Beş güç modeli, bir sektörün rekabetçi yapısını anlamak için önemli bir araçtır. Bu basit analitik araç, bir şirketin rakiplerini -geniş anlamda- belirlemenin yanı sıra, bu rakiplerin şirketin kâr elde etme kabiliyetini nasıl azaltabileceğini anlamak için de etkilidir.

Analizin tamamı beş gücü incelemektedir: müşteri pazarlık gücü, tedarikçi pazarlık gücü, ikame ürün tehdidi, yeni giriş tehdidi ve endüstri içi rekabet. İlk dört unsur birbirinden bağımsız olarak faaliyet gösterirken sektör içindeki rekabeti de yoğunlaştırmaktadır.

TEORİ

Michael E. Porter, 1970'ler boyunca stratejiye adanmış bir dizi makale yazdı ve yayınladı; bu da *Rekabet Stratejisi* kitabının yayınlanmasına yol açtı: *Techniques for Analyzing Industries and Competitors (Rekabet Stratejisi: Sektörleri ve Rakipleri Analiz Etme Teknikleri) adlı kitabın yayınlanmasına yol açan* strateji üzerine bir dizi makale yazdı ve yayınladı. Kitapta, tüm dünyada stratejinin teorisi, uygulaması ve öğretilmesinde devrim yaratan güçlü bir model geliştirdi: beş güç modeli.

Bu yaklaşım, bir sektörün rekabet ortamını şekillendiren ve etkileyen farklı güçlere odaklanır. Stratejik bir bakış açısıyla, bu analiz tekniği bir şirketin pazardaki konumunu belirlemek ve aynı zamanda rekabete karşı mücadele etmek için çok önemlidir. Açıkça tanımlamak gerekir:

- Şirketin diğer sektör oyuncuları ile ilişkileri

  - müşteriler

  - Tedarikçiler

  - ikame ürün üreticileri

  - potansiyel yeni katılımcılar

  - rakipler

- ve dolayısıyla beş güç:
  - müşterilerin pazarlık gücü

- tedarikçilerin pazarlık gücü

- ikame ürün tehdidi

- yeni giriş tehdidi

- endüstri içi rekabet.

MÜŞTERİLERİN PAZARLIK GÜCÜ

Rekabetçi bir ortamda müşterilerin etkisi, pazarlık yapma kabiliyetlerine bağlıdır. Bu aslında şirketleri fiyatlarını düşürmeye, daha yüksek kalite veya ek hizmetler talep etmeye ve hatta farklı aktörler arasındaki rekabetten yararlanmaya zorlayabilir. Bunu yaparken, tüketiciler ürünün maliyetleri üzerinde bir etkiye sahip olduklarından piyasanın karlılığını doğrudan etkilerler.

Müşteriler şu durumlarda daha da fazla güce sahiptir:

- Sadece birkaç müşteri vardır veya büyük miktarlarda alım yaparlar;

- Piyasada bulunan ürünler standartlaştırılmıştır ve rakip ürünlerden çok az farklılık gösterir;

- Bir tedarikçiden diğerine transfer maliyeti düşüktür;

- tedarikçinin faaliyetlerini doğrudan kendi üretim zincirlerine entegre edebilirler.

TEDARİKÇİLERİN PAZARLIK GÜCÜ

Benzer şekilde, tedarikçiler de müşteriler gibi kendi koşullarını (maliyet veya kalite açısından) dayatarak bir şirketin karlılığı üzerinde etkili olabilirler.

Tedarikçilerin gücü şu durumlarda önemlidir:

* özellikle yoğunlaşmış veya tekel durumundadırlar;

* farklı sektörlerden çok sayıda müşterileri var;

* transfer maliyeti yüksektir;

* farklılaştırılmış ürünler sunarlar ve sundukları ürünlerin yerine geçebilecek başka ürünler yoktur;

* Tedarik zincirinin ilerleyen aşamalarında ana işlerine daha fazla faaliyet dahil edebilirler.

Tedarikçiler, kendileri ve müşterileri (şirketler) arasında sözleşme şartlarını (yeniden) müzakere ederek ve sürekli olarak en iyi fiyatları arayarak bir sektör üzerinde doğrudan bir güce sahiptir.

İKAME ÜRÜN TEHDİDİ

İkame ürünler, bir sektördeki mevcut teklife alternatifler sunar. Benzer ihtiyaçlara farklı ya da yenilikçi bir şekilde yanıt verirler. Örneğin, MP3'ün Walkman'in yerine geçmesi gibi, e-posta da normal postanın yerine geçmektedir.

Her sektörde mevcut olan ikame ürünler, şu durumlarda gerçek bir tehdit haline gelir:

* daha iyi bir kalite sunuyorlar;

* İkame ürüne geçiş maliyeti düşüktür;

* ikame ürünün fiyatı daha düşüktür.

Daha genel olarak, ikame ürünler pazar payı kazanarak ve fiyatlar üzerinde baskı oluşturarak bir tehdit oluşturmaktadır.

YENİ GİRİŞ TEHDİDİ

Pazara yeni girenler, yeni tüketicilere daha fazla değer sunarak daha önce işgal edilmemiş bir konuma ulaşarak pazarı sarsar. Yeni pazar payı kazanma arzuları, maliyet ve yatırım oranları üzerindeki fiyat ve politikalar üzerindeki baskıyı artırmaktadır.

Yeni giriş tehdidi şu durumlarda daha güçlüdür:

- teknolojileri korumak için patent yoktur, bu da onlara kolay erişim sağlar;

- giriş engelleri ve sermaye gereksinimleri çok düşüktür;

- ölçek ekonomileri zayıftır;

- çok az kültürel engel vardır;

- Müşteri için değiştirme maliyetleri düşüktür;

- Bu sektörde halihazırda yerleşik olan şirketlerin çok güçlü marka imajları yoktur;

- Müşteriler, kendilerine tedarik sağlayan şirketlere her zaman sadık olmayabilir;

- piyasada halihazırda yerleşik olan aktörlerden intikam alma olasılığı düşüktür;

- hükümet yeni girenler için yardım ve sübvansiyonlar sağlamaktadır.

⬤ GIRIŞ ENGELLERI

Bir sektörde, 'giriş engeli' ifadesi, bir sektöre girmek isteyen bir oyuncunun, özellikle gerekli ilk yatırım açısından karşılaştığı – doğal veya yapay engeller nedeniyle – zorluk seviyesi anlamına gelir. Yapay engeller halihazırda piyasada bulunan oyuncular tarafından konulabilir. Yüksek giriş engelleri, orijinal oyunculara yeni girenlere karşı bir miktar koruma sağlar.

Çıkış engellerine gelince, bunlar müşteri açısından bir ürünün etki alanından çıkıp başka bir ürünün etki alanına girmek için gereken çabayla ilgili olduğu için psikolojiktir.

ENDÜSTRİ İÇİ REKABET

Modelin merkezinde, sektörün iç rekabeti modelin diğer güçleri tarafından etkilenebilir ve değerlendirilebilir. Rakipler, bu alandaki konumlarını artırmak veya sadece korumak için sektör içinde sürekli olarak mücadele etmektedir. İç rekabet birçok şekilde ortaya çıkabilir ve aşağıdaki gibi eylemlerle sonuçlanabilir:

* daha düşük fiyatlar;

* yeni ürünlerin tanıtımı;

* reklam kampanyaları;

* ürün yelpazesi ve hizmetlerin iyileştirilmesi.

Rekabetin yoğunluğu, sektörde faaliyet gösteren şirketlerin sayısına, büyüklüklerine ve pazar paylarının ölçeğine bağlıdır. Aşağıdaki durumlarda artabilir:

- sektör yoğunlaşmamışsa, yani rakipler çok sayıda ve karşılaştırılabilir büyüklükteyse;
- sektörün büyüme hızı zayıftır;
- giriş engelleri düşük ve/veya çıkış engelleri yüksektir;
- ürün farklılaştırma derecesi düşüktür;
- sabit maliyetler yüksektir.

Beş kuvvetin konfigürasyonu her sektör için farklılık göstermektedir. Bu güçlerin yoğunluğuna, hiyerarşisine ve dinamiklerine bağlı olarak, sürdürülebilir bir rekabet avantajı sağlamak için kritik başarı faktörlerini (CSF), yani kontrol altına alınması gereken stratejik unsurları belirlemek mümkün olacaktır.

Güçler ne kadar yoğun olursa, şirketlerin manevra alanı o kadar azalır: daha az cazip bir yatırım getirisi sunarlar. Tersine, güçler ne kadar zayıf olursa, şirketler rakiplerinden korundukları için o kadar karlı olacaktır. Bu nedenle, bir projenin karlılığını sağlamak ve bir şirketin marjlarını ve pazar payını korumasına izin vermek için sürdürülebilir rekabet avantajlarından yararlanan faaliyetlere yatırım yapmak çok önemlidir.

Dolayısıyla, bir şirketin performansı, bu rekabet ortamıyla mücadele etme ve bu ortamı etkileme becerisine bağlı olacaktır.

SINIRLAMALAR VE GENİŞLETMELER

Porter tarafından yapılan temel katkı, bir sektörün kârını etkileyen farklı ekonomik faktörlerin, değer zincirinin dikey entegrasyonunun yanı sıra bir pazar içindeki rekabeti de içeren bir modelde sınıflandırılmasında yatmaktadır.

Bununla birlikte, Porter'ın modelinin de sınırlamaları vardır ve çeşitli nedenlerle eleştirilebilir.

SINIRLAMALAR VE ELEŞTİRİLER

Zayıf ve eksik bir model

Birçok bilimsel makale ve yayın Porter'ın beş kuvvetinin uygunluğunu sorgulamıştır. En sık yapılan eleştiriler arasında şunları buluyoruz:

- **Fırsatları küçümsemek.** Sadece mevcut ve gelecekteki tehditlere ve pazar payının savunulmasına odaklanan beş güç modeli, bir pazardaki fırsatların analizi için çok az yer bırakır. Bir sektördeki oyuncular arasındaki etkileşim dinamiklerini ve olası ortaklıkları dikkate almaz.

- **Değer yaratmanın göz ardı edilmesi.** Porter, modelinde öncelikle giriş engellerine ve ortalamanın üzerinde kar sağlamak için pazar yapısına odaklanmaktadır. Ancak bunu yaparken, müşteriler için değer yaratma ve şirket içinde yeni ürün ve hizmetlerin geliştirilmesi gibi merkezi kavramları ihmal etmektedir.

- **Endüstrinin önceliği.** Porter'ın modeli, yaklaşımını bir endüstrinin yapısına odaklayarak, aynı pazardaki tüm aktif rakipler için aynı olduğunu göstermektedir. Bu nedenle, genişletilmiş bir rekabet analizinde diğer parametrelerin de dikkate alınması gerekli hale gelmektedir – örneğin, sektördeki aktif kuruluşların güçlü yönleri ve temel yetkinlikleri. Gerçekten de şirketler, pazarlarında kendilerini belirli güçlerden izole edebilecek benzersiz ve kıskanılacak konumlara sahip olabilirler.

- **Talepteki çeşitliliğin göz ardı edilmesi.** Porter'ın modeli talebi etkileyebilecek faktörleri göz ardı etmektedir. Dolayısıyla, gelirdeki veya tüketici zevklerindeki değişiklikler gibi ekonomik ilkeleri dikkate almamaktadır.

- **Niteliksel analiz.** Porter'ın modeli nitel doğası gereği güçlerin yoğunluğunu doğru bir şekilde tahmin etmenize izin vermez. Örneğin, modelin uygulanması yeni giriş tehdidinin yüksek olduğunu gösterse de, bu girişlerin olasılığını hesaplamak için bir araç sunmaz. Bu nedenle, model özellikle bir sektördeki eğilimleri ve değişiklikleri belirlemek için kullanışlıdır.

Modası geçmiş bir model

Diğer analistler ise beş güç modelinin küreselleşmiş bir ekonomi ve yeni teknolojilerin gelişimi ile uyumsuz olduğunu savunacak kadar ileri gitmektedir. Rekabete dayalı bir strateji vizyonu ve giriş engellerinin önemi doğrultusunda bu model, farklı biçimlerde yeni girişlere yer bırakan ve düzenli olarak yenilenen mevcut ekonomi tarafından zayıflatılmaktadır. Son yıllarda birçok kez büyük şirketlerin rekabet avantajının radikal yenilikler nedeniyle geçersiz kaldığına şahit olduk. Örneğin, eskiden profesyonel fotoğrafçılık sektöründe lider olan Kodak, Ocak 2012'de iflas başvurusunda bulunmak zorunda kaldı.

Benzer şekilde, Porter'ın beş güç modeli, küreselleşmiş bir ekonomide var olan büyük şirketlerin iş porföylerinin sinerjilerini ve karşılıklı bağımlılıklarını içermemektedir.

İLGİLİ MODELLER VE UZANTILAR

Porter'ın beş (+1) gücü

Porter'ın orijinal modeline, etkisi hiç de önemsiz olmayan altıncı bir güç daha eklenebilir: kamu otoriteleri. Bu durumda, beş (+1) kuvvet modeline atıfta bulunuyoruz.

Her ne kadar ilk modelde tedarikçi ya da müşteri olarak yer almasa da, devlet yine de düzenleyici rolü açısından dikkate alınmalıdır. Gerçekten de, bir pazarda karşı karşıya gelen şirketler, her coğrafi bölgeye özgü yasal çerçeveye uymak zorunda kalırlar. Bu şekilde, bir devlet tarafından sürdürülen standartlar ve düzenlemeler, vergiler veya diplomatik ilişkiler gibi parametreler de piyasayı yapılandırır.

Porter en son çalışmasında modelin bu şekilde genişletilmesini reddetmektedir. Ona göre hükümet bir güç olarak değil, bir faktör olarak değerlendirilmelidir. Bir hükümetin ekonomi üzerindeki etkisini anlamanın en iyi yolu, bir devlet içindeki kamu yetkilileri tarafından alınan önlemlerin beş gücü nasıl etkileyebileceğini analiz etmektir.

Porter, kamu otoritelerinde yaptığı gibi, 'tamamlayıcıların' önemini de vurgulamaktadır. Bu ürün ve hizmetler, incelenen sektör tarafından sunulan ürünleri tamamlayıcı bir şekilde kullanılır. İki ürünün birlikte sağladığı fayda, her bir ürünün ayrı ayrı değerinden daha fazla olduğunda tamamlayıcılar devreye girer. Bunlar, özellikle yeni teknoloji alanında (örneğin telekomünikasyon sektöründeki özel yazılımlar) önemli bir rol oynayabilir, çünkü talebi etkilerler.

PRATİK UYGULAMA

TAVSİYELER VE EN İYİ İPUÇLARI

Bir sektörün doğasını etkin bir şekilde analiz etmek için aşamalı olarak ilerlemek faydalı olacaktır.

Çalışılan sektörü tanımlayın

Bir sektörü tanımlamak için iki temel unsura odaklanmamız gerekir: ürünler ve coğrafi alan. Bu analizde hangi ürünler dikkate alınmalıdır? Başka bir sektöre ait oldukları için hangi ürünler göz ardı edilmelidir? Rakipler hangi coğrafi bölgede faaliyet göstermektedir?

Modelin bileşenlerini tanımlayın

> Daha sonra her bir gücü, her bir güce özgü sorularla tanımlamak gerekir. Bunları yanıtlamak eğilimleri ve bunların temsil ettiği tehditleri belirlemenizi sağlayacaktır. Mevcut durumu görmek ve gelecekteki eğilimi tahmin etmek için bu soruları iki aşamada yanıtlamak önemlidir.

Müşteriler veya müşteri grupları

- Müşterilerimin sektörü ne ölçüde yoğunlaşmış durumda?

- Bu müşteri grupları tarafından yapılan satın alımların hacmi nedir?

- İkame ürünlere yönelebilirler mi?

- Belirli ortaklarla yapılan işlemleri kolaylaştırmak için özel yatırımlar yapıyorlar mı?

- Üretim faaliyetlerini aşağı yönde entegre etmekle gerçekten tehdit ediyorlar mı?

- Her sipariş için müşteriler ve tedarikçiler arasında fiyat pazarlığı yapılabilir mi?

Tedarikçiler

- Yan sanayi, incelenen sanayiden daha mı yoğun?

- İncelenen sektör tarafından yapılan alımların hacmi nedir?

- Sektörümdeki şirketler bu tedarikçilerle yapılan işlemleri desteklemek için özel yatırımlar yapıyor mu?

- Zincirin yukarı akışını entegre etmekle tehdit ediyorlar mı?

- Fiyatları yükseltmek zorunda kalıyorlar mı?

- Yeni müşteriler bulmak onlar için kolay mı?

- Tedarikçilerimin markaları güçlü mü?

Mevcut rakipler

- Yarışmanın yapısı nedir?

- Ürün farklılaştırma derecesi nedir?

- Rakiplerin stratejik hedefleri nelerdir?

- Sektörün büyüme oranı nedir?
- İncelenen sektörün maliyet yapısı nedir?
- Satıcılar ne kadar yoğunlaşmış durumda?
- Rakipler arasında önemli maliyet farkları var mı?
- Şirketler fiyatlarını kolayca ayarlayabiliyor mu?
- Çıkış için herhangi bir engel var mı?
- Talep fiyatı ayarlanabilir mi?
- Rakipler aşırı kapasitede mi?

İkame ürünler

- Bu ürünler mevcut mu? Çok sayıda var mı?
- Bu ürünlerin algılanan fiyat-kalite oranı nedir?
- Talep fiyatı ne ölçüde esnektir?
- Herhangi bir takviye var mı?
- Fiyat-kalite oranları nedir?

Yeni katılımcılar

- Pazara girmek için ne kadar sermayeye ihtiyaçları var?
- Önemli ölçek ekonomileri var mı?
- Marka imajlarının seviyesi nedir?
- Dağıtım ağlarına kolay erişimleri var mı?
- Hammaddelere kolay erişimleri var mı?

- İlgili teknolojiye kolay erişimleri var mı?

- Kamu yetkilileri tarafından destekleniyorlar mı?

- Amaçları nedir?

Ortaya çıkan modelin incelenen sektöre uyarlanabilmesi için farklı güçlerin önceliklendirilmesi gerekmektedir.

Her bir kuvvetin itici güçlerini tanımlayın ve yoğunluk derecelerini belirleyin

Her bir güç sorgulanmalıdır: karları azaltarak veya yıpratarak sektörü etkileyecek kadar etkili mi? Bu güçlerin ağırlığı, bir şirketin kar elde etme kabiliyetini belirlemenizi sağlar. Bu 5 veya 6 kuvvetin yoğunluğu ne kadar fazlaysa, piyasa durgun olarak kabul edileceğinden kâr fırsatları o kadar sınırlı olacaktır. Tersine, eğer güçler zayıfsa, teorik olarak önemli marjlar elde etmek mümkündür.

Yüksek büyüme gösteren endüstrileri – veya sektörleri – her zaman cazip olarak görmemeniz gerektiğini unutmayın. Çok sayıda fırsat sunsa da, yakın veya uzak gelecekte güçlü rekabet riski vardır.

Sektör yapısını belirlemek ve değerlendirmek

- Kârlılık derecesi nedir?

- Güçleri kim kontrol ediyor ve etkiliyor?

- Bu analiz ne kadar süreyle geçerli olacak?

Sektördeki son ve potansiyel değişiklikleri analiz etmek

Bir sektördeki değişiklikler ani olabilir, bu nedenle bu durum dikkate alınmalı ve analiz kriterleri sürekli olarak güncellenmelidir. Analiz, şirketin sürdürülebilir ve önemli bir rekabet avantajı geliştirmesine olanak tanıyacak kritik başarı faktörlerini ortaya çıkarabilir.

 **BİLDİĞİM İYİ OLDU**

Bu analiz sırasında, aşağıdakiler nedeniyle birçok hata meydana gelebilir:

sektörü doğru bir şekilde tanımlamıyor;

Gerçek bir analiz yapmak yerine aktörleri liste emek;

sektörün gelişimini dikkate almamaktadır;

etkileri ve nedenleri karıştırmak;

sektörde yaşanan eğilimleri göz ardı etmektedir.

Dahası, böyle bir analiz her bir güç için geçerli olan ekonomik ilkelere atıfta bulunmalıdır. Endüstri içi rekabet, yeni girenler ve ikame ürünler için analiz araçları arasında oyun teorisi ve endüstriyel organizasyon yer almaktadır. Müşterilerin ve tedarikçilerin etkisi üzerine yapılan çalışma ise şirket dikey ilişkileri teorisinden türetilmiştir.

Model öncelikle stratejik seçimler yapmak için bir temel oluşturur. Bu nedenle, bu tür bir analizden birçok karar çıkabilir ve bunlar arasında en yaygın olanları şunlardır:

- **Şirketin (yeniden) konumlandırılması.** Analizden sonra ve rakiplerini aşmak için yöneticiler, maliyetler veya belirli güçlerin etkisinden kaçmalarını sağlayacak ve dolayısıyla uzun vadede karı garanti edecek başka bir rekabet avantajı yoluyla farklılaşarak işletmelerini (yeniden) konumlandırmayı seçebilirler.

- **Kullanılmayan yeni bir endüstri segmentine sahip olmak.** Bir şirket, henüz kullanılmayan bir alana yatırım yaparak daha yüksek bir yatırım getirisi sağlayabilir.

- **Güçleri kendi lehine etkilemek.** Bu manevra oldukça zor olsa da, bir şirket, sektör içi rekabet seviyesini azaltmak için diğer paydaşlarla ortaklıklar imzalayarak veya yeni girenleri satın alarak güçleri kendi lehine değiştirmeye ve etkilemeye çalışabilir. Tedarikçilerin gücünü azaltmak için, bir şirket onların bazı faaliyetlerini kendi değer zincirine dahil etmeye karar verebilir.

Son olarak, girişimci bakış açısıyla, bu analiz çok daha geniş bir stratejik analize dahil edilecek ve örneğin, bir sektörde ortaya çıkması muhtemel fırsat ve tehditlerin belirlenmesine olanak tanıyan SWOT (güçlü yönler, zayıf yönler, fırsatlar ve tehditler) ve PESTLE (politik, ekonomik, sosyo-kültürel, teknolojik, yasal ve çevresel) analizlerini içerecektir.

ÖRNEK OLAY İNCELEMESİ – E-OKUYUCU ENDÜSTRİSİ

Teoriyi açıklamak için e-okuyucu (ya da e-kitap okuyucu) pazarına bakalım.

E-okuyucu, tek amacı dijital bir kitabı (e-kitap) okumaya destek olmak olan elektronik bir cihazdır. İki İtalyan akademisyen tarafından 1990'larda kavramsallaştırılan bu ürün, 1990'ların sonunda Fransa'da piyasaya sürüldüğünde beklenen başarıyı elde edememiştir. Ancak 2000'li yılların sonlarına doğru önce Amerika Birleşik Devletleri'nde, ardından da Avrupa'da çok çeşitli e-kitaplar satışa sunuldu. Fransa, yeni ürünü benimseme konusunda Anglo-Sakson ülkelerinden daha yavaş olsa da, şu anda giderek artan sayıda dijital okuyucuya sahiptir.

Son yıllarda zorlu ekonomik koşullar nedeniy e dramatik bir değişim geçiren kitap endüstrisi önemli zorluklarla karşı karşıyadır. Bunlar arasında en önemlisi, online ticaretin dikkat çekici bir şekilde gelişmesi ve birçok kitapçının kapanmasıdır. Dijital okumanın ortaya çıkışı geleneksel iş modellerine meydan okumaktadır. 2012 yılında ABD'de e-okuyucuların yıllık satış rakamı 25 milyondu. 2013 yılında Amerikalıların %32'sinin bir e-okuyucuya ve yarısından fazlasının da bir tablete sahip olacağı tahmin edilmektedir. Buradaki e-okuyucu pazarının artık olgunlaştığı düşünülmektedir.

Bu sektörün altında yatan güçler nelerdir? Hangi aktörler baskı uyguluyor? Hangi şirketler trendleri hızlandırıyor?

- **Müşterilerin pazarlık gücü.** Bu durumda – dijital okuyucularda – bu gücün yoğunluğunun ortalama olduğu düşünülmektedir. Çok sayıda okuyucu için az sayıda satıcı olduğu göz önüne alındığında, müşterilerin farklı bir okuma cihazına geçmesinin etkisi sadece orta düzeydedir. Gerçekten de, bir dijital okuyucunun ortalama satın alma hacmi, değişim durumunda bir sektör oyuncusunun istikrarını bozacak kadar önemli değildir. Bununla birlikte, burada okuyucunun bir rakibe geçmek için göstermesi gereken çabaya karşılık gelen transfer maliyeti, halihazırda mevcut olan ekosistemler göz önüne alındığında nispeten yüksektir; okuyucu aslında e-okuyucusuyla ilişkili kitapçıyı tercih etme eğilimindedir. Dolayısıyla, eğer alıcı ilk modelini (örneğin Amazon kitabevi ile ilişkili Kindle) tercih ederse, başka bir markayı tercih etmesi halinde halihazırda sahip olduğu kitapları yeni okuma cihazına aktarmakta çok zorlanacaktır.

- **Tedarikçilerin pazarlık gücü.** E-okuyucu pazarında aktif şirketlere sahip tedarikçilerin pazarlık gücü de nispeten düşüktür, çünkü tedarik zincirlerinin daha aşağısındaki faaliyetleri entegre etmeleri pek olası değildir. Ayrıca, tedarikçiler fiyatlarını önemli ölçüde artıracak olsalar bile, bu sektör çok yoğun olduğu için şirketler aynı derecede nitelikli başka tedarikçiler bulmakta zorlanmayacaktır.

- **İkame ürünler.** Kağıt kitaplar ve tabletler başta olmak üzere birçok ürün e-okuyucuların yerini alabileceğinden, uzun vadede müşteri sadakati kazanmak zordur. Daha spesifik olarak, birkaç yıldır teknolojik gelişme göstermeyen e-okuyucular, sadece benzer özelliklere değil, aynı zamanda ek özelliklere de sahip olan akıllı telefonlar tarafından geçilme riski altındadır. Daha genel olarak, okuma tüm boş zaman aktiviteleri ile rekabet halindedir. Her yıl okuyucu sayısında azalma olduğu için ikame ürün tehdidi özellikle yüksektir.

- **Yeni girişler.** Niş bir pazar olan bu pazar, yeni oyuncuların çok fazla girişini destekleyemez. Bazı öncü gruplar bu olgun pazarda halihazırda yerleşiktir ve dünya çapında pazarın büyük bir bölümünü işgal etmektedir, bu nedenle onlara karşı rekabet etmek nispeten zordur. Aslında, yeni girenler için zorluk iki yönlüdür çünkü üretim için başlangıçtan itibaren çok büyük miktarda finansal sermayeye sahip olmaları ve ölçek pazarlarında başarılı olmak için çok büyük hacimli birimler üretmeleri gerekir. Bu senaryo ancak bu yeni girenlerin yarattığı değerin, bunu önemli bir avantaj olarak görebilecek müşteriler tarafından büyük ölçüde algılanması halinde mümkündür. Yeni girenlerin tehdidi nispeten düşüktür.

- **Sektör içi rekabet.** E-okuyucu sektörü, az sayıda küresel oyuncunun pazarı paylaştığı oldukça rekabetçi bir sektördür. Yaklaşık %40 penetrasyon oranına sahip Amazon Kindle şüphesiz pazara hakimdir. Yakın zamana kadar onu PanDigital, Barnes and Noble'ın Nook'u ve Sony takip ederken, diğerleri sadece kalan %20'yi elinde tutuyordu. Şubat 2014'te Sony, özellikle güçlü olan e-okuyucu pazarına özgü yüksek baskıdan bunalarak ABD'deki e-okuyucularının üretimine son verdiğini açıkladığında rekabet daha da şiddetlendi. Bunun üzerine müşteri tabanı eski rakibi Kobo'ya transfer oldu.

E-okuyucu endüstrisi birkaç yıl içinde olgunluğa ulaştı. Artık acımasız bir savaş yürüten birkaç aktörün elinde olan bu sektör, şimdiden endişe verici sayıda ikame ürünle dolup taşıyor. Bu nedenle kısa bir süre içinde bu pazarın karlılığında hafif bir düşüş görmemiz ve aynı zamanda daha umut verici görünümlere sahip diğer benzer teknolojiler lehine bu sektöre yapılan yatırımların kademeli olarak azalması çok muhtemeldir. Bu değişimin farkında olan Amazon, tablet ve akıllı telefonlarının piyasaya sürülmesiyle birlikte bu yönde bazı stratejik kararlar almış görünüyor.

ÖZET

- Michael E. Porter tarafından 1979 yılında geliştirilen ve günümüz stratejisinin teorik temellerinden biri olarak kabul edilen bu model, bir sektörün rekabet ortamını analiz etmenizi sağlar.

- Beş güç – müşterilerin ve tedarikçilerin pazarlık gücü, ikame ürün tehdidi, yeni girişler ve son olarak endüstri içi rekabet – bu modelde, şirketlere dikkate almaları gereken ilkeleri ve sektörlerindeki etkileşimleri anlama becerisini sağlamak için ifade edilmiştir.

- Bu model, rekabeti görselleştirmeye ve bir sektörün kârlılığının tadını çıkarmaya yardımcı olmanın yanı sıra, stratejilerini uzun vadede iyileştirmek isteyen iş liderlerinin düşüncelerini de destekler.

- Her ne kadar iyi görünse de, Porter'ın modelinin fırsatları küçümseme eğilimi, endüstrinin şirkete göre üstünlüğü ve talebi etkileyen faktörleri göz ardı etme gibi sınırlamaları vardır.

- Bu modele altıncı bir güç daha eşlik edebilir: hükümet. Aslında bu, bir sektördeki aktörler arasındaki ekonomik ilişkileri etkileyebilir ve böylece dolaylı olarak karlılığını etkileyebilir.

DAHA FAZLA OKUMA

KAYNAKÇA

Besanko, D., Dranove, D., Shanley, M. ve Schaefer, S. (2013) *Economics of Strategy*. [6. Baskı]. Hoboken: Wiley.

Magretta, J. (2011) *Comprendre Michael Porter. Concurrence. Stratégie*. Paris: Eyrolles.

Porter, M. E. (1986) *Competition in Global Industries*. Boston: Harvard Business Press.

Porter, M. E. (2008) *Rekabet Stratejisi*. New York: Free Press.

Porter, M. E. (2008) The Five Competitive Forces That Shape Strategy. *Harvard Business Review*. [Çevrimiçi]. Erişim tarihi: 5 Aralık 2016]. Erişim adresi: http://www.exed.hbs.edu/assets/documents/hbr-shape-strategy.pdf

Porter, M. E. (1991) Towards a Dynamic Theory of Strategy. *Stratejik Yönetim Dergisi*. 12(S2).

Sizden haber almak istiyoruz!
Çevrimiçi kütüphaneniz hakkında yorum bırakın
ve favori kitaplarınızı sosyal medyada paylaşın!

MASLOW'S HIERARCHY OF NEEDS
Gain vital insights into how to motivate people
Personal accomplishment
Esteem
Belonging
Security
Physiologic
THE SWOT ANALYSIS
Internal factors
Strengths
Weaknesses
SWOT
Opportunities
Threats
External factors

Yayıncı, yayınlanan bilgilerin güvenilirliğini garanti eder,
ancak sorumluluğunu üstlenemez.

Ana ISBN: 9782808600484
Kağıt ISBN: 9782808601931
Yasal depozito: D/2022/12603/194

Dijital tasarım: Primento,
yayıncıların dijital ortağı.

CARTOGRAFIEREA FLUXULUI DE VALOARE

Reducerea deșeurilor și maximizarea eficienței

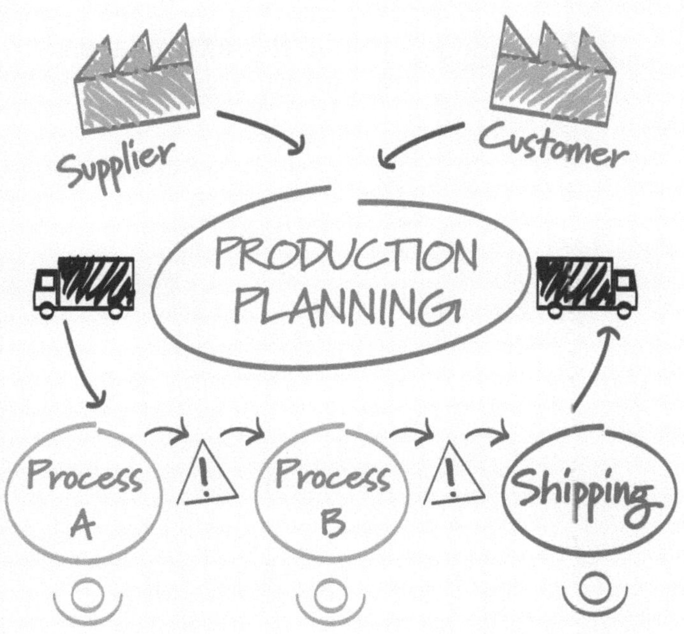

CARTOGRAFIEREA FLUXULUI DE VALOARE

Reducerea deșeurilor și maximizarea eficienței

scris de Johann Dumser
tradus de Alina Dobre